LUKIAN

Die
Hetärengespräche

Mit
fünfzehn
Zeichnungen
von

GUSTAV KLIMT

Deutsch von Franz Blei

DIE HETÄREN GESPRÄCHE DES LUKIAN

*In der Spätzeit des Hellenismus entstanden, haben die
Hetärengespräche des* Lukian von Samosata *(120—185)
bis heute Bestand in der Weltliteratur gehabt. Mit den
15 spöttisch-naturgetreuen Dialogszenen fand* Lukian
*erstmals eine literarische Form, an der er in der Folge
festgehalten hat. Die erotische Atmosphäre, die* Lukian
*in ihrer ganzen Delikatesse und Frivolität darzustellen
weiß, findet in den 15 Zeichnungen von* Gustav Klimt,
dem großen Künstler der Wiener Decadence, eine kongeniale Illustration.

9	
	DIE ERZIEHUNG DER CORINNA
	13
	DIE FLÖTENSPIELERIN
16	
	DIE WOLLUST DER PRÜGEL
	19
	DER FÜR DAS HERZ
23	
	MÜTTERLICHER RAT
	26
	DIE LESBIERINNEN
30	
	KRIEGSABENTEUER

		34
	DIE NACHT	
37		
	DER SCHRECKEN DER EHE	
		40
	DIE VERLASSENE	
42		
	DIE ABRECHNUNG	
		45
	DER PHILOSOPH	
49		
	DAS MISSVERSTÄNDNIS	
		53
	DIE SCHLIMME RÜCKKUNFT	
53		
	LIEBESZAUBER	

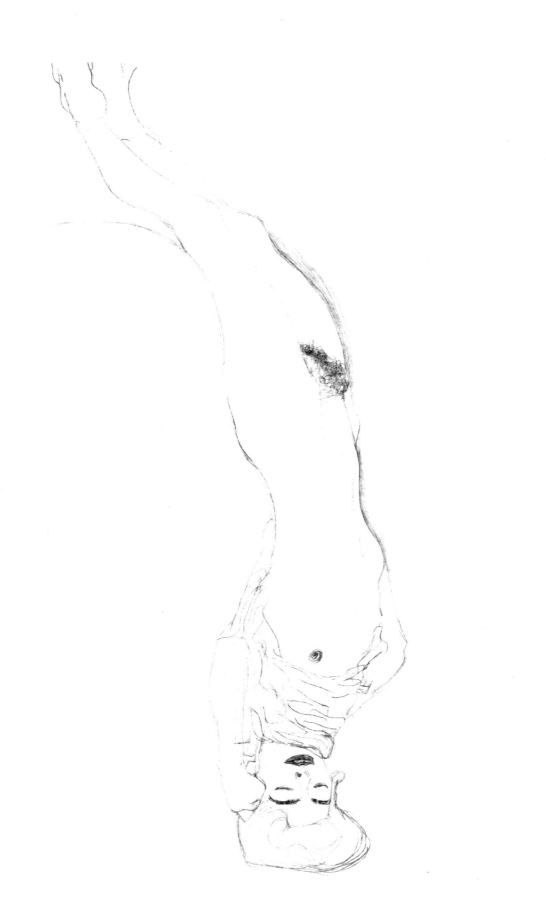

DIE ERZIEHUNG DER CORINNA 1

CORINNA, ein kleines Mädchen /
CROBYLE, seine Mutter

◊ **Crobyle:** *Nun weißt du es also und hast es gespürt, Corinna, daß es gar nicht so schrecklich ist, wie du es dachtest, wenn man seine Jungfrauenschaft verliert. Du warst mit einem jungen Mann zusammen und hast als erstes Geschenk von ihm hundert Drachmen bekommen; dafür will ich dir gleich ein Halsband kaufen.*

◊ **Corinna:** *Ach ja, Mamachen! Und so eines mit glänzenden Steinen wie der Philainis ihres.*

◊ **Crobyle:** *Ganz genau das gleiche. Aber jetzt hör zu, ich will dir sagen, was du tun mußt und wie du es mit den Männern anstellst. Wir haben nichts sonst als das, wovon wir leben, mein Kind; die zwei Jahre, da dein Vater tot ist, weißt du nicht, wie wir uns durchgebracht haben. Wie er noch am Leben war, da hat es uns an nichts gefehlt, denn er war ein tüchtiger, gesuchter Schmied unten im Pyraeus; das kannst du hören, wen du nur darum fragst, daß es wie Philinos keinen zweiten gab. Wie er tot war, verkaufte ich also seine Zangen, seinen Amboß und seinen Hammer für zweihundert Drachmen, und davon haben wir gelebt. Dazu noch das, was ich für Weben und Nähen bekam, gerade daß wir uns durchschlagen konnten. Und ich habe dich auferzogen, mein Kind, als meine einzige Hoffnung.*

◊ **Corinna:** *Du meinst doch nicht die hundert Drachmen?*

◊ **Crobyle:** *Nein. Aber ich dachte mir, daß du nun wohl schon in dem Alter wärest, für mich zu sorgen und dir dabei selber ganz leicht zu verdienen, was du brauchst, um dich zu schmücken, schöne Kleider und Sklaven zu deiner Bedienung zu haben, überhaupt um reich zu sein.*

◊ **Corinna:** *Wie denn das, Mutter? Und warum sagst du mir das?*

◊ **Crobyle:** *Wie? — Nun, indem du mit den jungen Leuten ziehst, mit ihnen trinkst und schläfst und dafür Geld bekommst.*

◊ **Corinna** (entrüstet): *Was? Wie der Daphnis ihre Tochter, die Lyra?*

◊ **Crobyle:** *Ja, wie die.*

Corinna: *Aber, das ist doch eine Hetäre!*

Crobyle: *Da ist nichts Schlimmes dabei. Du wirst so reich wie sie und hast viele Liebhaber.*

Corinna (weint).

Crobyle: *Warum weinst du, Corinna? Siehst du denn nicht die vielen Hetären und wie sie gesucht sind und wieviel Geld sie verdienen? Ich hab' die Daphnis gekannt in Lumpen und Klunkern, bevor sie noch das Alter hatte. Und jetzt kannst du sehen, wie sie daherkommt, ganz in Gold, in gestickten Kleidern und mit vier Sklaven.*

Corinna (getröstet): *Wie ist sie zu all dem gekommen?*

Crobyle: *Einmal damit, daß sie sich fein anzog, liebenswürdig und freundlich mit jedermann war, nicht so wie du bei jedem Wort, das einer sagt, laut auflachte, sondern nur so gewiß lächelte. Ferner damit, daß sie jene, die sie mit nach Hause nahmen — und sie forderte nie als erste dazu auf — geschickt, aber nicht betrügerisch behandelte. Wenn man sie dafür bezahlt, daß sie zu einem Mahle kommt, betrinkt sie sich nicht — denn es ist albern und die Männer verabscheuen das — und stopft sich nicht mit Essen voll wie eine Magd; sie rührt die Speisen nur mit den Fingerspitzen an und macht keinen Spektakel; kaut nicht mit vollen Backen und trinkt ruhig in kleinen Schlucken, nicht in vollen Zügen.*

Corinna: *Auch nicht, wenn sie Durst hat, Mutter? —*

Crobyle: *Besonders nicht, wenn sie Durst hat, mein Kind. Sie spricht nicht mehr als schicklich, macht sich nicht über die Anwesenden lustig und blickt nur den an, der sie bezahlt.*
   Und deshalb wird sie von allen geliebt. Wenn es dann Zeit ist, ins Bett zu gehen, verrichtet sie ihre Arbeit ohne Obszönitäten, aber mit Sorgfalt, und sucht vor allem nur dies eine, sich dem Mann zu unterwerfen und aus ihm einen Liebhaber zu machen. Darob loben sie alle. Wenn du, was ich dir da sage, gut behältst, werden wir auch reich werden, denn mit dem andern bist du gesegnet.

Corinna: *Sag mir, Mutter, sind alle, die mich bezahlen werden, so wie Eucritos, mit dem ich die Nacht war? —* Crobyle: *Nicht alle. Es gibt bessere. Manche sind sehr kräftig.*
   Andere wieder nicht so hübsch.

Corinna: *Und mit denen muß ich auch? —*

Crobyle: *Ganz besonders mit denen, mein Kind. Die bezahlen am besten. Die schönen Jungen wollen nur ihre Schönheit geben. Schau, daß du die gut festhältst, die am besten bezahlen, wenn du willst, daß bald alle Weiber mit Fingern nach dir deuten und sagen: »Siehst du nicht Corinna, die Tochter der Crobyle, wie die reich ist! Wie die ihre Mutter glücklich gemacht hat!« Was sagst du? — Du wirst das tun? — Du wirst's tun, ja, ich weiß, und wirst alle leicht übertreffen. Jetzt geh dich waschen. Falls der kleine Eucritos heut wieder kommt. Denn er hat mir's versprochen.*

2 DIE FLÖTENSPIELERIN

Cochlis: *Warum weinst du denn, Parthenis, und woher kommst du mit deinen zerbrochenen Flöten?*

Parthenis (schluchzend): *Der Soldat ... der Ätoler ... der große ... der Crocale ihr Geliebter ... er hat mich gehauen ... weil er mich bei der Crocale gefunden hat; wo ich spielte; von seinem Nebenbuhler Gorgos bezahlt. Und er hat mir meine Flöten zerbrochen; den Tisch umgeworfen, an dem wir zur Nacht aßen, und dann stürzte er sich auf den Krug und leerte ihn. Den Bauern Gorgos hat er bei den Haaren gepackt und hinausgeschleift. Und draußen hat ihn der Soldat — ich glaube, er heißt Deinomachos — und einer seiner Kameraden so arg verhauen, daß ich nicht weiß, ob er davongekommen ist. Das Blut floß ihm nur so aus der Nase, und das Gesicht ist ihm ganz geschwollen und voll blauer Flecken.*

Cochlis: *Ist der Mensch verrückt oder betrunken?*

Parthenis: *Es ist Eifersucht, Cochlis, und eine ganz verrückte Liebe. Crocale, glaub ich, hat von ihm zwölftausend Drachmen verlangt, wenn er sie ganz für sich allein haben will. Deinomachos wollte das nicht geben, und da hat sie ihm verboten, wiederzukommen, hat die Tür vor ihm versperrt, wenn er kam und den Gorgos hereingelassen, einen reichen Pächter, der sie seit langem liebt; sie trank mit ihm und ließ mich zum Flötenspielen holen. Es war alles so hübsch, ich spielte etwas Lydisches, der Bauer tanzte und Crocale schlug dazu in die Hände, alles war lustig, bis wir Lärm hörten und einen Schrei, und da war auch die Türe schon eingebrochen. Acht junge starke Kerle, darunter der Megarer, stürzten sofort herein, schmissen alles über den Haufen und der Gorgos wurde verhauen, wie ich dir schon erzählte. Die Crocale hat sich, ich weiß nicht wie, zu ihrer Nachbarin Thespias gerettet. Mich hat Deinomachos geohrfeigt, einen »Spitalknochen« genannt und mir die kaputten Flöten hingeschmissen. Da lief ich davon, um alles meinem Herrn zu erzählen. Der Bauer sucht Freunde in der Stadt, daß sie ihm den Megarer an das Gesetz liefern.*

Cochlis: *Das hat man von diesen Militärliebschaften — Schläge und Prozesse. Alle sind sie Hegemonen und Chiliarchen, aber wenn's ans Zahlen geht, heißt es: »Wart', bis ich den Sold habe. Hab' ich meine Löhnung, dann zahl' ich alles.« Sie* *sollen sich totschlagen lassen, die Eisenfresser. Zu mir kommt keiner herein, das steht fest. Ja, ein Fischer, ein Matrose, ein Bauer, er braucht nicht schön tun können, wenn er nur viel zahlt.*

Die mit einem Federbusch auf dem Kopf und mit Kriegsanekdoten im Maul, das ist keine ernste Kundschaft, Parthenis.

3 DIE WOLLUST DER PRÜGEL

CHRYSIS, 17 Jahre, Courtisane / AMPELIS, 35 Jahre, Courtisane

Ampelis: *Das sag' ich dir, Chrysis, einer, der nicht eifersüchtig ist und in Wut kommt, der seine Geliebte nicht halb lahm schlägt, sie nicht bei den Haaren zieht und ihr die Kleider vom Leib reißt, der ist auch gar nicht verliebt.*

Chrysis: *Hat denn wirklich die Liebe keine andern Proben als diese, o Ampelis? —*

Ampelis: *Nein, alles das macht ein heißblütiger Mann. Was das andere angeht, die Küsse, die Tränen, die Worte, die Besuche — das ist nur der Anfang der Liebe. Das Feuer und die Leidenschaft kommen aus der Eifersucht. Wenn dich also, wie du sagst, Gorgias geschlagen hat, wenn er eifersüchtig ist, so hoffe viel und verlange, daß er weiter so macht.*

Chrysis: *Weiter so? Was sagst du da? Jeden Tag Prügel?*

Ampelis: *Nein. Aber er soll sich ärgern, wenn du einen andern als ihn ansiehst. Wenn er dich nicht liebte, weshalb sollte er darüber wütend sein, daß du einen andern Liebhaber hast?*

Chrysis: *Aber ich hab' keinen andern! Er bildet sich ein, ich liebte diesen Geldsack, weil ich unlängst mit ihm ein paar Worte gesprochen habe.*

Ampelis: *Das ist sehr gut, daß er dich von den Reichen gesucht glaubt. Das wird ihm noch mehr Kummer machen, und er wird mit denen ein Wettrennen veranstalten und nicht zurückbleiben wollen.*

Chrysis: *Und währenddessen schimpft er und haut mich und gibt mir keinen Pfennig.*

Ampelis: *Er wird schon. Die Eifersucht wird ihm keine Ruhe lassen.*

Chrysis: *Aber ich seh' nicht ein, Liebchen, wie du verlangen kannst, daß ich mich schlagen lassen soll.*

Ampelis: *Das hab' ich doch nicht gesagt. Ich weiß nur, daß die Männer erst dann ordentlich verliebt werden, wenn sie sich vernachlässigt glauben. Bildet er sich ein, der einzige zu sein, so läßt sein Eifer bald nach. Das sage ich dir aus meiner zwanzigjährigen Erfahrung als Hetäre, und du bist, glaube ich, noch nicht einmal achtzehn im ganzen. Laß dir erzählen, wie es mir, es ist noch gar nicht lange her, ergangen ist.*

Der Geldwechsler Demophantos, der hinter der Poikile wohnt, war damals mein Liebhaber. Niemals hat er mir mehr als fünf Drachmen gegeben und dafür sollte ich noch ihm allein gehören. Dabei war er nur ein sehr mäßiger Liebhaber, keine Spur von Seufzen und Weinen — nicht einmal, daß er des Nachts vor meiner Tür gewartet hätte; nur manchmal schlief er bei mir und auch das nur nach langen Pausen. Einmal kam er und fand die Tür verschlossen, denn ich hatte den Maler Callides bei mir, der mir zehn Drachmen geschickt hatte. Demophantos ging schimpfend wieder davon. Darüber vergingen Tage, ohne daß ich nach ihm schickte, denn Callides war noch bei mir. Dem Demophantos mochte es inzwischen doch ordentlich warm geworden sein, denn als er plötzlich durch die verschlossene Tür einbrach, heulte und tobte er, haute mich und drohte mit Mord und Totschlag, riß mir die Kleider vom Leib, machte mit einem Worte das tollste Zeug, und das Ende vom Lied war, daß er mir zehntausend Drachmen gab, wofür er mich volle acht Monate ganz allein hatte. Seine Frau sagte damals allen Leuten, ich hätte es ihrem Mann durch einen Liebestrank angetan.

Der Liebestrank, das war seine Eifersucht.

Siehst du, liebe Chrysis, dieses Mittel mußt du deshalb auch bei deinem Gorgias anwenden. Und dieser Bursch bekommt noch einmal ein großes Vermögen, wenn seinem Alten was passiert.

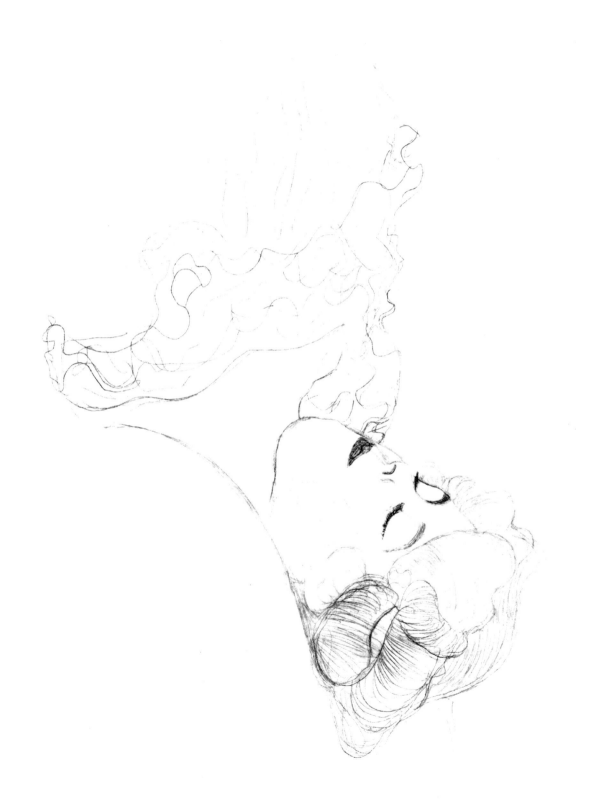

4 DER FÜR DAS HERZ

◊ **Die Mutter:** *Alles, was wahr ist, Musarion, finden wir noch so einen Liebhaber wie diesen Chaireas, so dürfen wir nicht versäumen, der Pandemos eine weiße Ziege, und der Urania in den Gärten eine junge Kuh zu opfern, und die Demeter, die Spenderin des Reichtums, mit Blumenkränzen zu beschenken — denn wer wäre dann glücklicher als wir!*

Aber im Ernst gesprochen, Musarion: was haben wir bis jetzt von diesem Burschen gehabt? Hat er dir ein einziges Mal einen Obolus gegeben, oder ein Kleid, ein Paar Schuhe, oder auch nur ein Büchschen Salböl? Nein, nichts als Ausflüchte, Versprechungen, Vertröstungen auf die Zukunft. Ein übers andere Mal heißt es: »Wenn einmal mein Vater … wenn ich einmal Herr meines väterlichen Erbes bin, dann gehört alles dir.« Und du sagst, er hat dir sogar geschworen, dich zu seiner gesetzlichen Gattin zu machen.

◊ **Musarion:** *Hat er mir auch, Mutter, mit einem Eide bei den beiden Göttinnen und bei Athene Polias.*

◊ **Die Mutter:** *Und du glaubst ihm das, du? — Deshalb hast du ihm wohl auch neulich, als er nicht bezahlen konnte, ohne mein Wissen deinen Ring gegeben! Den hat er verkauft und vertrunken. Und die zwei jonischen Halsketten, jede zwei Dariken schwer, die dir der Chiische Schiffsherr Praxias in Ephesus hat machen lassen, wo sind die hingekommen? — Die hat wohl auch dein Chaireas gebraucht, um seine Schulden zu bezahlen, nicht wahr? Und deine Wäsche, deine feinen Hemden — danach mag ich erst gar nicht fragen. In diesem Chaireas haben wir wahrhaftig einen ganz kostbaren Schatz gefunden.*

◊ **Musarion:** *Aber er ist schön und so jung — denke, er hat noch gar keinen Bart — und er sagt mir, daß er mich liebt und weint dabei. Und er ist von guten Eltern, seine Mutter ist die Dinomache und sein Vater Laches ist Rat auf dem Areopag. Er wird mich sicher heiraten, sagt er, und wir dürfen ein großes Glück von ihm hoffen, wenn einmal der Alte die Augen zumacht.*

◊ **Die Mutter:** *Also wenn du jetzt ein paar Schuhe brauchst und der Schuster will seine Doppeldrachme haben, so werden wir ihm sagen: »Geld haben wir zwar keines, mein Lieber, aber desto mehr Hoffnungen — nimm dir ein paar davon.« Zu dem*

Mehlhändler sagen wir dasselbe. Und wenn der Hauswirt die Miete von uns verlangt, so sagen wir ihm: »Wart' nur, bis der alte Laches tot ist — nach der Hochzeit bekommst du deine Miete.« Schämst du dich denn gar nicht, daß du die einzige unter den Hetären bist, die keine Ohrringe, keine Halskette, keine tarentinischen Schleier hat?

Musarion: *Weshalb schämen, Mutter? Sind die denn schöner oder glücklicher als ich?*

Die Mutter: *Nein, aber gescheiter. Sie verstehen ihr Geschäft.*
Sie pfeifen auf die schönen Worte und Redensarten dieser jungen Herren. Doch du bist treu, liebst deinen Chaireas wie einen Gatten, läßt dich von keinem andern anrühren.
Erst neulich, als der Landmann aus Acharnä kam, der doch auch noch ein glattes Kinn hat, und dir zweihundert Drachmen geben wollte, den Erlös aus dem Wein, den er für seinen Alten verkauft hat, über den machtest du dich lustig, schicktest ihn voller Verachtung weg und gingst mit deinem Adonis Chaireas ins Bett.

Musarion: *Ich hätte also den Chaireas laufen lassen und den Bauer mit seinem Bockgestank zu mir nehmen sollen? Mein süßer Chaireas und dieses Schwein aus Acharnä!*

Die Mutter: *Mag sein. Er war ein Bauer und roch nicht zum besten, aber warum hast du denn auch dem Antiphon; dem Sohn des Menekrates, kein Gehör gegeben, der dir hundert Drachmen bot? — Ist er nicht hübsch, ein Mann von Welt und ebenso jung wie Chaireas?*

Musarion: *Aber Chaireas sagt, daß er uns beide umbringt, wenn er mich mit ihm träfe.*

Die Mutter: *Ach, wie viele Liebhaber haben das nicht schon gesagt! Deshalb willst du also ohne Liebhaber bleiben, die anständige Frau machen und so keusch leben wie eine Priesterin der Demeter? — Aber gut. Lassen wir's. Heute ist das Erntefest — was hat er dir dazu geschenkt?*

Musarion: *Aber er hat doch nichts, Mamachen.*

Die Mutter: *Also unter allen jungen Leuten seines Alters hat bloß Chaireas sich noch nichts ausgedacht, wie dem Geldbeutel seines Vaters beizukommen sei. Hat er denn keinen Sklaven, durch den er ihn beluchsen lassen kann? Kann er nicht von seiner Mutter Geld erpressen mit der Drohung, zur See zu gehen und Soldat zu werden? Aber da hockt er müßig bei uns, langweilt uns, lebt von uns, und nicht genug, daß er uns nichts gibt, will er uns nicht einmal erlauben, von andern zu nehmen. Meinst du denn, Musarion, du bleibst immer achtzehn Jahre alt? Und des Chaireas' Gesinnung werde sich nicht ändern, wenn er einmal selber ein reicher Herr ist und ihm seine Mutter eine reiche Heirat ausfindig gemacht hat? — Wenn ihm da die Aussicht auf fünf Talente Mitgift gezeigt wird, glaubst du, daß er sich dann noch an seine Tränen und Küsse und Eide erinnert?*

◊ **Musarion:** *Sicher wird er das. Denn er hat sich nicht verheiratet. Man hat ihn bedrängt, mit Gewalt fast, und er hat widerstanden.*

◊ **Die Mutter:** *Mag sein, daß er dich nicht anschwindelt! Aber du wirst noch an mich denken, Musarion.*

MÜTTERLICHER RAT 5

PHILINNA, Hetäre / IHRE MUTTER

◊ **Die Mutter:** *Du bist wohl verrückt geworden, Philinna? Was ist dir denn eingefallen gestern Abend beim Mahle? Diphilos besuchte mich heute früh und erzählte mir unter Tränen, wie du ihn behandelt hast. Du hättest dich betrunken und dann vor der ganzen Gesellschaft getanzt, wiewohl er dich zurückhalten wollte. Darauf gabst du seinem Freund Lamprias einen Kuß, und als Diphilos darüber böse wurde, kehrtest du ihm den Rücken und liefst zu Lamprias und umarmtest ihn. Fast erstickt hätte den Diphilos die Wut, wie er mir sagte. Und des Nachts wolltest du nicht mit ihm schlafen, so sehr er auch bat, und legtest dich, ohne auf seine Tränen zu achten, ganz allein auf das Bett neben ihm und sangst dir was, nur um ihn zu kränken.*

◊ **Philinna:** *Aber was er mir getan hat, das hat er dir nicht erzählt, Mama. Du würdest sonst sicher nicht dem unverschämten Kerl das Wort geben, der mich sitzen ließ, um sich mit der Thais, der Geliebten des Lamprias, zu unterhalten, bevor das alles geschehen ist. Wie er sah, daß mich das ärgerte und ich ihm Winke gab, da kriegte er die Thais beim Ohrläppchen, bog ihr den Kopf zurück und küßte sie so herzhaft ab, daß ich glaubte, er würde seine Lippen gar nicht mehr wieder losbringen. Ich weinte; er aber lachte und sagte der Thais ein übers andere Mal was ins Ohr, natürlich was gegen mich, denn jedesmal lächelte sie und sah mich an. Als sie den Lamprias kommen hörten und sich satt geküßt hatten, setzte ich mich neben Diphilos, daß er nachher keinen Vorwand hätte, den Beleidigten zu spielen. Nach einiger Zeit stand dann Thais auf, schürzte ihr Gewand hoch, als ob sie allein nur schöne Beine hätte, und tanzte. Wie sie aufgehört hatte, sagte Lamprias kein Wort, aber Diphilos konnte nicht genug Worte finden, die Grazie ihrer Bewegungen zu loben und die Harmonie ihres Tanzes mit dem Takt des Spiels, und wie ihre Beine schön wären und noch tausenderlei ähnliches, als ob es die Sosandra des Kalamis und nicht eine Thais zu loben gegolten hätte — und du weißt so gut wie ich, was an ihr dran ist, weil sie in dasselbe Badehaus geht wie wir. Und darauf fing natürlich die Thais an: »Also, wenn eine sich nicht ihrer dünnen Beine zu schämen hat, soll sie aufstehn und auch tanzen.«*

Was sollte ich darauf sagen? Ich erhob mich also und tanzte. Was hätt' ich sonst tun sollen? Ruhig sitzen bleiben und damit den Frechheiten der Person recht geben? — Sollte sie die Königin des Festes sein dürfen?

Die Mutter: *Du bist zu hitzig, mein Kind. Man muß sich so was nicht gleich so zu Herzen nehmen. Na, und wie war's weiter?*

Philinna: *Alle lobten sie mein Tanzen, nur Diphilos legte sich rückwärts auf sein Polster und sah gleichgültig gegen die Decke, bis ich endlich müde ward und aufhörte.*

Die Mutter: *Und was ist damit, daß du den Lamprias küßtest, daß du dich von Diphilos losmachtest und jenen umarmtest? — Du schweigst? — ... Weißt du, das ist nicht zu verzeihen.*

Philinna: *Ich wollte ihn nur wieder ärgern.*

Die Mutter: *Und hast nicht mit ihm geschlafen? — Und hast gesungen, als er weinte? — Bedenkst du denn nicht, mein Kind, daß wir arme Leute sind, und hast du schon vergessen, was wir alles von ihm bekommen haben, und was für einen Winter wir im letzten Jahr gehabt hätten, wenn uns Aphrodite nicht den Jungen geschickt hätte? —*

Philinna: *Was? — Und deswegen soll ich mich geduldig von ihm beleidigen lassen? —*

Die Mutter: *Du magst bös mit ihm sein, aber mach' dich nicht lustig über ihn. Wenn man sich über seine Geliebten lustig macht, da ist es bald aus mit ihrer Liebe. Sich lustig machen, das wollen sie für sich allein haben. Du warst immer zu empfindlich mit diesem Menschen. Gib acht, daß es dir nicht geht wie ein Sprichwort sagt: Allzu straff gespannte Saiten reißen.*

DIE LESBIERINNEN 6

LEAINA, eine Kitharenspielerin / CLONARION, ein Mädchen

- Clonarion: *Man erzählt sich Neuigkeiten von dir, Leaina.*
  Die reiche Lesbierin Megilla ist verliebt in dich wie ein Mann? Und ihr schlaft miteinander und... aber wie macht ihr denn das? Was ist denn? Du wirst rot? Ist es also wirklich wahr?

- Leaina: *Es ist wahr, Clonarion, und ich schäme mich so ... es ist so sonderbar ...*

- Clonarion: *Aber, bei der Göttin, was will denn diese Frau von dir? Und was macht ihr denn da in der Liebe zusammen?*
  So sprich doch. Ach, du hast mich nicht lieb. Sonst hast du mir doch so 'was nie verheimlicht.

- Leaina: *Ich hab' dich mehr lieb als irgendeine ... Dieses Weib ist schrecklich männlich ...*

- Clonarion: *Ich versteh' nicht, was du da sagst ... Außer ... Sollte es eine von diesen Tribaden sein, wie man sagt, die es auf Lesbos geben soll, so männliche Frauen, die nichts vom Mann erleiden können, aber sich mit Frauen erfreuen, als ob sie selber Männer wären?*

- Leaina: *Ja, so ähnlich ...*

- Clonarion (eifrig): *Ach, Leaina, erzähl' mir alles! Wie hat sie es denn angefangen, dich zu verführen, wie hast du dich überreden lassen ... Du mußt mir alles genau erzählen.*

- Leaina: *Sie haben ein kleines Abendfest arrangiert, sie und Demonassa, die Korintherin, die auch sehr reich ist und denselben Geschmack hat wie Megilla. Sie ließen mich zum Kitharaspielen kommen, und als ich zu spielen aufhörte, später am Abend, als man schon viel getrunken hatte und es Zeit war, ins Bett zu gehen, da sagte Megilla: »Jetzt ist es Zeit fürs Bett, Leaina. Schlaf' hier mit uns und zwischen uns beiden«.*

- Clonarion: *Und du hast dich gelegt? Und dann? Was war dann weiter?*

Leaina: *Zuerst haben sie mich geküßt, ganz wie die Männer, nicht nur so mit den Lippen, sondern mit ein bißchen offenem Mund, und umarmten mich und drückten mir die Brüste. Demonassa biß mich beim Küssen. Ich, ich verstand gar nichts von dem, was da vorging. Auf einmal nahm Megilla ihre falsche Frisur herunter, die wie eine echte aussah und gut angemacht war, und da war sie bis auf die Haut rasiert, ganz wie der männlichste unter den Ringkämpfern. Ich war ganz baff, als ich das sah. Sie sagte:*

— »*Sag', Leaina, hast du schon einmal einen so schönen jungen Mann gesehn?*«

— *Aber, sagte ich, ich seh' da gar keinen jungen Mann, Megilla.*

— »*Mach' mich nicht zum Weibe*«, *sagte sie*, »*denn ich heiße Megillos und bin seit langem mit Demonassa verheiratet, und sie ist meine Frau.*«

Ich mußte lachen, Clonarion, und sagte darauf:

— *So bist du also ein Mann, Megillos, ohne unser Wissen, so wie man sagt, daß Achilles unter den Mädchen blieb in seinem Purpurkleid? ... und du hast wirklich das Männliche? Und machst es der Demonassa wie ein Mann?*

— »*Das, Leaina*«, *sagte sie*, »*habe ich nicht. Aber dazu braucht es nicht gar soviel. ... Du wirst es mich auf eine Art machen sehn, die viel wollüstiger ist.*«

— *Bist du da vielleicht ein Hermaphrodit, sagte ich, wie es viele geben soll, und die beide Sachen haben?*

Denn, Clonarion, ich wußte noch immer nicht Bescheid. »*Nein*«, *sagte sie*, »*ich bin ein völliger Mann.*«

— *Ich hab' davon reden hören, fuhr ich fort, von der böotischen Flötenspielerin Ismenodora, von jener thebaischen Frau, die ein Mann wurde, und es war ein berühmter Wahrsager, Teiresias, glaub' ich, hieß er ... Ist dir nicht auch vielleicht so was passiert wie der?*

— »*Nein, Leaina*«, *sagte sie.* »*Ich bin ganz wie ihr andern Frauen, aber ich habe den Geschmack, das Verlangen und alles andere wie ein Mann.*«

— *Und das genügt dir, das Verlangen?, fragte ich.*

— »*Laß es dir machen, Leaina, wenn du mir nicht glaubst*«, *sagte sie*, »*und du wirst sehen, daß ich die Männer um nichts zu beneiden brauche ... Ich habe etwas, das sieht aus wie ein Männliches ... Laß mich nur, und du wirst sehn.*«

So ließ ich es mir also machen, Clonarion, weil sie so darum bat. Sie gab mir ein prachtvolles Halsband und sehr feine Hemden. Dann hab' ich sie an mich gedrückt wie einen Mann. ... Sie gab mir Küsse und arbeitete sich außer Atem und schien in Vergnügen zu schwimmen ...

Clonarion: *Aber, wie arbeitete sie denn? Auf welche Art? Das mußt du mir vor allem sagen, Leaina!*

Leaina: *Verlang' keine Einzelheiten von mir. Das sind abscheuliche Sachen. Bei der Göttin, ich werd' dir davon nichts erzählen.*

7 KRIEGSABENTEUER

LEONTICHOS, ein Aufschneider / CHENIDAS, sein Kamerad / HYMNIS, eine sehr junge Hetäre / GRAMMIS, ihre Sklavin

- Leontichos: *Und in der Schlacht gegen die Galater — du weißt doch, Chenidas, wie ich da auf meinem Schimmel der ganzen Reiterei voraussprengte. Und wie die Galater, so tapfer sie sonst sind, bei meinem Anblick zitterten und bebten und keiner mehr standhielt? — Ich warf meinen Speer und durchbohrte den Reiteroberst samt seinem Pferde. Auf die Wenigen, die noch zusammenhielten — denn als die Phalanx sich aufgelöst hatte, blieben noch einige stehen und bildeten ein längliches Viereck —, auf diese Wenigen sprengte ich mutvoll mit blankem Säbel ein, ritt sieben Vordermänner über den Haufen und spaltete mit einem Säbelhieb einem Hauptmann den Kopf bis auf die Schultern. Du, Chenidas, kamst mit deinen Leuten erst nachher dazu, als der Feind schon Hals über Kopf floh.*

- Chenidas: *Aber dein Zweikampf mit dem Satrapen von Paphlagonien, Leontichos, das war auch keine Sache von Pappe.*

- Leontichos: *Gut, daß du mich daran erinnerst, das war allerdings kein schlechtes Stück. Dieser Satrap war ein Riese und bekannt als der beste Fechter seines Landes. Der sprach nun schlecht von uns Griechen, ritt vor unsere Reihen und rief, ob jemand Lust habe, sich im Zweikampf mit ihm zu versuchen. Alle waren sprachlos vor Schreck, die Hauptleute, die Obersten, selbst unser Feldherr, der nichts weniger als ein Feigling ist. Aristaichmos aus Aetolien kommandierte uns damals, ein ganz vortrefflicher Wurfschütze. Ich war erst Hauptmann, aber faßte mir doch ein Herz; stieß meine Kameraden, die mich zurückhalten wollten, auf die Seite — denn sie fürchteten um mich beim Anblick des asiatischen Riesen, der auch im Glanz seiner vergoldeten Rüstung, seinem wilden Helmbusch und seiner geschwungenen Lanze ganz furchtbar aussah.*

- Chenidas: *Ich hatte große Angst um dich, Leontichos. Du weißt, wie ich dich festhielt, wie ich dich anflehte, dich doch nicht für andere in Gefahr zu stürzen. Wärst du gefallen, ich wäre des Lebens nicht mehr froh.*

- Leontichos: *Aber wie gesagt, ich hatte mir ein Herz gefaßt und trat vor, nicht schlechter gerüstet als der Paphlagonier, denn auch mein Rüstzeug glänzte von Gold. Ein lautes Geschrei empfing mich von beiden Seiten. Denn auch der Feind erkannte mich gleich an meinem Schild, an meinem Waffenschmuck und Helmbusch.*

Du erinnerst dich noch, Chenidas, mit wem ich damals allgemein verglichen wurde.

Chenidas: *Mit wem sonst als mit der Thetis Sohn, dem Peliden Achilles — so herrlich stand dir der Helm, der purpurne Waffenrock und der strahlende Schild.*

Leontichos: *Kaum standen wir also einander gegenüber, als mein Riese mich mit seinem Wurfspieß verwundete, das heißt, mich leicht am Knie damit streifte. Da jagte ich ihm auch schon meine Lanze durch den Schild und mitten in die Brust, stürzte mich auf ihn, trennte ihm mit Leichtigkeit auf einen Hieb den Kopf vom Rumpf, und kehrte, den Kopf auf der Lanze und blutgebadet, zu den Meinigen zurück.*

Hymnis: *Pfui Teufel, Leontichos! Was für scheußliche Dinge du da erzählst! Wer mag einen Menschen, der solche Freude an Mord und Blut hat, nur ansehen, geschweige mit ihm trinken und im Bett liegen! Da geh' ich lieber.*

Leontichos (hält sie zurück): *Ich zahl' dir das Doppelte!*

Hymnis: *Mit einem Mörder schlafen, nie im Leben!*

Leontichos: *Du brauchst nichts zu fürchten, Hymnis! Alles das ist bei den Paphlagoniern passiert, jetzt bin ich ja fromm wie ein Lamm.*

Hymnis: *Nein, du bist ein ganz abscheulicher Kerl. Ich seh', wie das Blut von dem Kopf, den du auf der Lanze trugst, auf dich heruntertropft, und von einem solchen Mann sollte ich mich — nein, bei den Grazien, das tu ich nicht. Du bist nicht besser als ein Henker.*

Leontichos: *Hättest du mich in meiner Rüstung gesehen, hättest du dich sicher in mich verliebt.*

Hymnis: *Mir wird schon schlecht bei deiner bloßen Erzählung; es kommt mir vor, als sähe ich die Gespenster der Ermordeten wie Schatten vor mir, besonders das des armen Hauptmanns, dem du den Schädel entzwei hiebst. Wie wär' mir erst, wenn ich wirklich die umherliegenden Leichen und deine blutige Arbeit gesehen hätte — ich glaube, ich hätte den Tod davon gehabt, ich, die ich kein Huhn schlachten sehen kann.*

Leontichos: *Was bist du doch feig und weichherzig, Hymnis. Und ich dachte, dich mit meinen Geschichten zu amüsieren.*

Hymnis: *Mit solchen Geschichten kannst du Danaiden erfreuen, wenn du welche findest. Ich gehe wieder zu meiner Mama, solang es noch Tag ist. Komm, Grammis. Und leb' recht wohl, du tapferer Hauptmann über Tausend und Totschläger von so vielen du magst.* (Sie geht.)

Leontichos: *Bleib' doch, Hymnis, bleib' ... Da geht sie wahrhaftig!*

Chenidas: *Du hast das zarte Kind aber auch wirklich zu sehr geängstigt mit deinen wilden Helmbüschen und schauerlichen Aufschneidereien. Ich sah sie ganz gelb vor Schreck werden, wie du die Geschichte von dem Hauptmann anfingst, und wie sie zusammenfuhr, als du ihm den Kopf halbiertest.*

Leontichos: *Ich dachte sie damit verliebter zu machen. Aber du hast mir die Sache verdorben, Chenidas, indem du die Geschichte mit dem Zweikampf aufbrachtest.*

Chenidas: *Ich glaubte, ich müsse dir lügen helfen, als ich merkte, worauf hinaus du mit deiner Prahlerei wolltest. Aber du hast blödsinnig übertrieben. Es war genug, dem unglücklichen Kerl den Kopf abzuschneiden, was brauchst du ihn da noch auf den Spieß zu stecken, so daß dir das Blut übers Gesicht läuft.*

Leontichos: *Recht hast du ja, Chenidas, es war etwas unappetitlich. Aber ich habe die Geschichte doch sehr hübsch erzählt, nicht?— Ach, geh' doch zu ihr und überrede sie, daß sie die Nacht bei mir bleibt.*

Chenidas: *Soll ich ihr also sagen, daß du alles glatt gelogen hast, weil du dich ihr als Held zeigen wolltest?*

Leontichos: *Das wäre doch zu beschämend, Chenidas.*

Chenidas: *Na, anders kommt sie sicher nicht. Du hast die Wahl: entweder für einen tapferen Helden zu gelten und dich dafür scheußlich finden zu lassen, oder eine Nacht mit Hymnis durch das Geständnis zu erkaufen, daß du gelogen hast.*

Leontichos: *Eins so unangenehm wie's andere. Aber, schließlich, Hymnis ist mir lieber. Geh' und sag' ihr, ich hätte gelogen, viel gelogen, verstehst du, aber nicht alles!*

8 DIE NACHT

TRYPHAINA, eine Hetäre / CHARMIDES, ein Liebhaber

◊ Tryphaina: *Was heißt das, Charmides? Nimmt man sich eine Hetäre, zahlt ihr fünf Drachmen, legt sich zu ihr ins Bett, nur um ihr den Rücken zuzukehren und die ganze Nacht nichts sonst zu tun, als zu weinen und zu seufzen? Den ganzen Abend trankst du keinen Tropfen und wolltest doch nicht allein bei Tisch sein. Und hattest während des Essens Tränen in den Augen, ich hab's wohl bemerkt. Und jetzt heulst du wie ein Kind. Sag' was du hast, Charmides, und verbirg mir nichts, damit ich doch wenigstens diese Unterhaltung in der Nacht habe, wenn sonst auch keine.*

◊ Charmides: *Die Liebe tötet mich, Tryphaina, ich ertrage die Qual nicht länger.*

◊ Tryphaina: *Daß es nicht die Liebe zu mir ist, die dich umbringt, soviel ist mir klar, denn ich bin da, und du kümmerst dich nicht um mich und stößt mich weg, wenn ich dich in meine Arme nehmen will und legst deine Kleider zwischen mich und dich, damit ich dir nur ja nicht zu nahe komme. Also wie heißt sie denn, deine Liebe, vielleicht kann ich dir helfen; du weißt, ich versteh' mich ein bißchen auf diese Sachen.*

◊ Charmides: *Du kennst sie und sie kennt dich auch; sie hat einen Namen unter den Hetären.*

◊ Tryphaina: *Und der ist?*

◊ Charmides: *Philemation.*

◊ Tryphaina: *Welche Philemation? Es gibt zwei, die eine aus dem Pyraeus, die erst vor ganz kurzem ihre Jungfernschaft verlor und jetzt den Damyllos zum Liebhaber hat; oder die andere, die man die Fangschlinge nennt.*

◊ Charmides: *Ja, die. Die hat mich gefangen und läßt mich nicht los.*

◊ Tryphaina: *Also wegen der Fangschlinge heulst du so? Sag', ist es eine ganz neue Liebe oder schon älteren Datums?*

◊ Charmides: *Ganz neu ist sie nicht mehr, sieben Monate sind's her, daß ich sie zum erstenmal sah, am Fest des Dionysos war's.*

34

Tryphaina: *Sag', hast du sie denn genau gesehen? — Nicht nur ihr Gesicht und das, was eine Frau von ihrem Körper zeigt, wenn sie fünfundvierzig Jahre hat.*

Charmides: *Was? — Sie schwur, daß sie am nächsten Elaphebolion zweiundzwanzig sein wird.*

Tryphaina: *Kommt darauf an, wem du mehr traust: ihren Schwüren oder deinen Augen. Schau doch einmal ihre Schläfen an, den einzigen Ort, wo sie noch eigene Haare auf dem Kopf hat, denn alles andere ist Perücke. Wenn sich da an ihren Schläfen das künstliche Schwarz, womit sie sich färbt, verliert, siehst du ein graues Schöpfchen rechts und eins links. Aber da wäre schließlich nichts dabei — doch sag' ihr doch einmal, sie soll sich ausziehen.*

Charmides: *So oft ich sie darum bat, das hat sie mir immer verweigert.*

Tryphaina: *Das glaub' ich! Sie kann sich wohl denken, daß dir die weißlichen Flecken, die sie auf der Haut hat, nicht arg gefallen werden. Denn vom Hals bis zu den Knien ist sie fleckig wie ein Pardel. Und du weinst, einer solchen Schönheit nicht an der Seite liegen zu können! Vielleicht war sie gar noch spröde, verachtet dich vielleicht gar?*

Charmides: *Ja, das tut sie, obgleich sie von mir schon so viel bekommen hat. Gestern verlangte sie wieder tausend Drachmen, die ich ihr nicht geben kann, weil mein Vater mir sehr auf die Finger sieht; und da ist sie mit dem Moschion gegangen und hat mir die Tür vor der Nase zugeschlagen. Da wollte ich sie auch beleidigen, und deshalb ließ ich dich holen.*

Tryphaina: *Aphrodite soll mir ungnädig sein, wenn ich gekommen wäre, hätte ich gewußt, daß ich nur dazu dienen soll, einer andern Ärger zu machen und noch dazu einem solchen Gerippe wie dieser Philemation! Ich steh' auf und geh'. Der Hahn kräht ohnedies schon zum drittenmal.*

Charmides: *Nicht so eilig, Tryphaina, hör doch! Wenn das alles wahr ist, was du mir von der Philemation sagst, die Perücke und die gefärbten Haare und die Flecken am Leibe, so möcht' ich sie wahrhaftig nicht wieder ansehn ...*

Tryphaina: *Frag deine Mutter, die vielleicht schon mit ihr zusammen im Bad war. Und was ihr Alter betrifft, so kann dir dein Großvater die sicherste Auskunft geben, falls er noch am Leben ist.*

Charmides: *Wenn es so ist, dann weg mit der Scheidewand, umarmen wir und küssen wir uns und — und ich pfeif auf die Philemation.*

DER SCHRECKEN DER EHE

MYRTION, eine Hetäre / PAMPHILOS, ihr Liebhaber / DORIS, ihre Sklavin

◊ **Myrtion:** *Also du heiratest die Tochter des Piloten Pheidon, Pamphilos, oder hast sie schon, wie ich höre, geheiratet. Und all die Schwüre, die du mir geschworen, die Tränen, die du geweint hast, das alles ist weg, in einem Augenblick in Rauch vergangen. Deine Myrtion ist vergessen und das jetzt, wo ich von dir im achten Monat schwanger bin. Das ist alles, was ich von deiner Liebe habe, diesen dicken Bauch, den du mir gemacht hast, und die Aussicht, nächstens ein Kind aufziehen zu dürfen, ein angenehmes Geschäft für eine Hetäre. Aber ich werd' es nicht aussetzen, und am wenigsten, wenn es ein Bub ist; der soll dann Pamphilos heißen und der einzige Trost in meiner unglücklichen Liebe sein. Und einmal wird er zu dir gehen und dir Vorwürfe machen, daß du so treulos an seiner unglücklichen Mutter gehandelt hast.*

Und das Mädel, das du heiratest — wenn sie wenigstens schön wäre! Ich sah sie unlängst beim Thesmophorienfest mit ihrer Mutter, als ich noch nicht wußte, daß ich um ihretwillen meinen Pamphilos verlieren soll. Schau sie dir doch mal ordentlich an, ihr Gesicht und ihre Augen, daß es dich später nicht reut, eine Frau zu haben, deren Augen wasserblau sind und eins das andere anschauen … übrigens, du hast ja den Pheidon, den Vater deiner Braut gesehen und kennst sein Gesicht, da brauchst du das seiner Tochter nicht erst anzuschauen.

◊ **Pamphilos:** *Was schwätzest du da für Zeug, Myrtion, von Brautschaften und Pilotentöchtern? — Ich weiß von keiner Braut, weder von einer schielenden noch von einer schönen. Auch weiß ich nicht, ob Pheidon von Alopekai — denn den meinst du doch, glaub' ich — eine mannbare Tochter hat oder nicht. Aber das weiß ich, daß er und mein Vater nichts weniger als gute Freunde sind. Soviel ich weiß, hatten sie kürzlich einen Prozeß miteinander wegen einer Schiffersache. Pheidon war, glaub' ich, meinem Vater ein Talent schuldig, und der brachte es nun mit großer Mühe dahin, daß er wenigstens etwas zahlte. Wenn ich mich nun wirklich verheiraten wollte, meinst du, dann würde es Pheidons Tochter sein und nicht lieber die des Demeas, der letztes Jahr Stratege war, und die zudem meine Nichte ist? Wer hat dir denn das erzählt, Myrtion? Oder hat es deine Eifersucht erfunden?*

◊ **Myrtion:** *Also du wirst heiraten?*

◊ **Pamphilos:** *Liebe Myrtion, du bist entweder verrückt oder betrunken. Aber ich wüßte nicht, wovon du schon betrunken sein solltest.*

Myrtion: *Die Doris hier hat mich damit geängstigt. Ich hatte sie geschickt, mir Baumwollbinden für den Bauch zu kaufen und für meine bevorstehende Niederkunft der Lacteia ein Gelübde zu tun, da wäre ihr, erzählte sie mir, die Lesbia begegnet und die — aber erzähl selber, Doris, was sie dir gesagt hat, wenn du es nicht erfunden hast.*

Doris: *Ich will mich totschlagen lassen, gnädige Frau, wenn ich gelogen habe. Ich ging gerade am Prytaneion vorüber, als mir die Lesbia begegnete und mir so gewiß lächelnd sagte: »Euer Liebhaber Pamphilos heiratet ja Pheidons Tochter«, und wie ich ihr's nicht glauben wollte, sagte sie, ich soll nur mal in Eure Straße hineinsehen, da sei schon alles mit Kränzen behangen, und Flötenspielerinnen seien da und eine Menge Menschen und eben werde der Hymeneios gesungen.*

Myrtion: *Und hast du hingesehen, Doris?*

Doris: *Natürlich hab' ich hingesehen, und es war alles so.*

Pamphilos: *Jetzt geht mir ein Licht auf. Lesbia hat nicht gelogen, und du hast Myrtion die Wahrheit gesagt, aber ihr habt euch beide um nichts Kummer gemacht, denn die Hochzeit war nicht bei mir. Heut fällt mir erst ein, was mir gestern meine Mutter sagte, als ich von euch heimkam: »Siehst du, Pamphilos«, sagte sie, »unseres Nachbars Aristainetos Sohn Charmides macht jetzt Hochzeit und wird vernünftig; und du, wie lang willst du noch mit einer Hetäre gehn?—« Ich hörte nur so mit halbem Ohr hin und ging schlafen. Und früh am Morgen ging ich fort und sah so nichts von alldem, was später Doris gesehen hat. Wenn du's mir nicht glauben willst, Doris, so geh doch noch mal hin und schau, aber nicht nur so in die Gasse hinunter, schau, an welcher Tür die Kränze hängen, und du wirst finden, daß es des Nachbars Tür ist.*

Myrtion: *Du gibst mir das Leben wieder, Pamphilos. Ich hätte mich erdrosselt, wenn es wirklich passiert wäre.*

Pamphilos: *Kann doch gar nicht passieren. Ich bin nicht so verrückt, daß ich meine Myrtion vergesse, und am wenigsten jetzt, wo sie von mir schwanger ist.*

DIE VERLASSENE 10

GLYKERA, eine junge Hetäre / THAIS, ihre Freundin

- Glykera: *Erinnerst du dich noch des akarnanischen Soldaten, liebe Thais, der früher mit der Abrotonon ging und sich nachher in mich verliebte? Weißt du, er trug immer den purpurbesetzten Reitermantel?*

- Thais: *Und ob ich mich erinnere, kleine Glykera! Er hat doch mit uns die ganze Nacht festiert am letzten Ceresfest. Aber was ist's mit ihm?*

- Glykera: *Denke dir, diese gemeine Gorgona, diese schlechte Person, die ich für meine Freundin hielt, hat so geschickt manöveriert, daß sie ihn mir abspenstig gemacht hat.*

- Thais: *Er besucht dich gar nicht mehr und geht mit der Gorgona?*

- Glykera: *Ja, Thais, und du kannst nicht glauben, wie nah mir das geht.*

- Thais: *Das ist ja schlimm, Glykerchen, aber doch nicht unerwartet: dergleichen passiert uns Hetären doch öfter. Darüber brauchst du dich nicht zu grämen und brauchst über die Gorgona nicht schlecht zu reden. Abrotonon hat ja unter gleichen Umständen über dich nicht schlecht gesprochen, und ihr wart doch damals Freundinnen. Ich frag' mich nur, was dieser Soldat eigentlich Schönes an der Gorgona findet. Er muß komplett blind sein, daß er nicht sieht, wie sie doch fast kahlköpfig ist und daß sie fahle, abgestorbene Lippen hat, eine Nase so lang und einen mageren Hals, an dem die Adern heraustreten. Das einzige, was sie hat, sie ist groß und gerade gewachsen, und dann hat sie ein anziehendes Lächeln.*

- Glykera: *Glaubst du denn, der Akarnaner liebt sie wegen ihrer Schönheit? — Weißt, du denn nicht, daß ihre Mutter Chrysarion eine Hexe ist, die so gewisse thessalische Zaubersprüche weiß und den Mond auf die Erde herunterzaubern kann? — Man sagt sogar, daß sie bei Nacht fliege. Die hat dem Menschen einen Trank gegeben, und jetzt beeren sie ihn ab bis auf den Stumpf.*

- Thais: *So beere du einen andern ab, meine kleine Glykera, und laß ihn laufen.*

11 DIE ABRECHNUNG

MYRTALE, eine Hetäre / DORION, ein Matrose / LYDE, Sklavin der Myrtale

◊ Dorion: *Also jetzt darf ich nicht mehr kommen, Myrtale, jetzt, wo ich durch dich arm geworden bin! Natürlich, solange ich dir schöne Geschenke machte, war ich dein Geliebter, dein Mann, dein Herr, dein Alles. Aber jetzt, wo ich vollkommen auf dem Trockenen bin und du dir deinen bithynischen Kaufmann zum Liebhaber genommen hast, jetzt jagst du mich weg und läßt mich vor deiner Tür heulen, während jener alles kriegt und ganze Nächte mit dir allein zubringt. Und dabei bist du noch, wie du sagst, schwanger von ihm.*

◊ Myrtale: *Bring' mich nicht in Wut, Dorion, indem du sagst, du hättest mir soviel geschenkt und seist durch mich arm geworden. Rechne doch ein bißchen, was ich seit dem Anfang unserer Bekanntschaft von dir bekommen habe.*

◊ Dorion: *Gut Myrtale, rechnen wir. Erstens, einmal sykionische Schuhe im Wert von zwei Drachmen. Schreib auf: Zwei Drachmen!*

◊ Myrtale: *Aber dafür hast du zwei Nächte bei mir gelegen.*

◊ Dorion: *Und nach meiner Rückkunft aus Syrien das volle phönizische Salbenbüchschen aus Alabaster, macht, beim Poseidon, wieder zwei Drachmen.*

◊ Myrtale: *Hab' ich dir nicht dafür, damit du nicht so bloß auf der Ruderbank säßest, das kurze Mäntelchen geschenkt, das der Untersteuermann Epinros, der bei mir geschlafen hatte, mitzunehmen vergaß?*

◊ Dorion: *Das hat er mir wieder weggenommen, weil er es gleich wiedererkannt hat, als wir unlängst in Samos zusammentrafen. Wir rauften darum, aber schließlich mußte ich es ihm lassen. Weiter: Aus Cypern brachte ich dir Zwiebeln, und vom Bosporus fünf Salzfische und vier Barsche. Was noch? Ja, acht Zwiebacke in einem Netz, einen Krug karische Feigen und ganz vor kurzem noch aus Patares ein Paar vergoldete Sandalen, du Undankbare! Und einen großen Käse aus Gythion, der mir gerade noch einfällt.*

◊ Myrtale: *Macht alles zusammen hoch gerechnet vielleicht fünf Drachmen.*

Dorion (traurig): *Ach, Myrtale, es ist so viel wie ein einfacher Matrose, der von seinem Lohn lebt, dir geben konnte. Jetzt aber kommandiere ich die ganze rechte Ruderbank, aber du schaust mich doch von oben herunter an. Und hab' ich nicht unlängst an den Aphrodisien eine Silberdrachme für dich der Aphrodite zu Füßen gelegt? Hab' ich nicht deiner Mutter zwei Drachmen gegeben, daß sie sich Schuhe kaufe, und hab' ich nicht oft der Lyde hier ein Zwei— und da ein Vierobolenstück in die Hand gedrückt? Alles das zusammen macht das Vermögen eines Bootsmannes.*

Myrtale: *Doch nicht gar deine Zwiebeln und Fische?*

Dorion: *Gewiß. Ich hatte sonst nichts, was ich dir schenken konnte. Wäre ich reich, so wär' ich nicht Ruderknecht. Nicht einmal meiner eigenen Mutter hab' ich im Leben auch nur eine Lauchzwiebel gebracht. Aber nun möcht' ich auch gern wissen, womit sich dein Bithynier bei dir eingestellt hat.*

Myrtale: *Nummer eins ... schau dir einmal das Kleid an. Das hat er mir gekauft. Und diese schwere Halskette dazu.*

Dorion: *Die Kette? — Die kenn' ich doch schon lang' an dir!*

Myrtale: *Die du kennst, ist viel dünner und hat keine Smaragden. Ferner hat er mir geschenkt: diese Ohrringe da, den Teppich und zweihundert Drachmen in bar. Dann zahlt er mir die Miete. Das sind keine patarischen Sandalen, mein Lieber, und kein gythischer Käse und derlei Schmarren.*

Dorion: *Aber wie er aussieht, der, mit dem du im Bett liegst, das sagst du nicht. Kahl ist er, und ein Fünfziger ist er, und rot ist er wie ein gesottener Hummer. Und hast du schon seine Zähne gesehen? Heilige Dioskuren, welch eine Fresse! Besonders wenn er singt und schön tun will — wie ein Esel, der die Zither schlägt! Also viel Glück! Du bist seiner ganz würdig, und es möge euch bald ein Söhnchen geboren werden, das seinem Vater ähnlich sieht. Ich werde mir schon eine Delphis oder eine Kymbalion oder eure Nachbarin, die Flötenspielerin, oder sonst eine, wie sie mir paßt, finden. Teppiche und Halsketten und zweihundert Drachmen schenken, das kann halt nicht ein jeder.*

Myrtale (ironisch): *Die kann von Glück sagen, die dich zum Liebhaber bekommt, mein lieber Dorion. Denn du bringst ihr gar Zwiebeln aus Cypern und Käs aus Gythion.*

DER PHILOSOPH 12

DROSIS, eine Hetäre / CHELIDONION, eine Hetäre

Chelidonion: Es scheint, der kleine Clinias kommt nicht mehr zu dir, Drosis? Wenigstens hab' ich ihn schon lange nicht mehr bei dir gesehen.

Drosis: *Nein, er kommt nicht mehr, Chelidonion. Sein Lehrer hat es ihm verboten.*

Chelidonion: *Was ist denn das für einer, sein Lehrer? Ist's etwa Diotimos, der Turnlehrer? Das ist ja mein Liebhaber.*

Drosis: *Nein, es ist der verkommenste unter allen Philosophen, der Aristainetos.*

Chelidonion: *Der struppige Griesgram mit dem langen Bocksbart, der alle Tage mit den jungen Leuten in der Poikile spazieren geht?*

Drosis: *Ja, der falsche Ehrenmann. Das möcht' ich einmal sehen, wie ihn der Henker an seinem Bart zum Tod schleppt.*

Chelidonion: *Aber wie konnte denn dieser Kerl den Clinias verführen?*

Drosis: *Das frag' ich mich selbst. Mit einem Wort: Clinias, der vor mir nicht wußte, wie eine Frau aussieht — ich hab' ihm das beigebracht — und seitdem keine Nacht ohne mich zugebracht hat, hat sich seit drei Tagen nicht mehr in meiner Gasse sehen lassen. Das beunruhigte mich; ich hatte so Ahnungen und wußte nicht, warum. So schickte ich also Nebris, mein Mädchen, auf die Agora und in die Poikile, um nach ihm zu sehen. Dort sah sie ihn nun wirklich mit Aristainetos auf und ab gehen und winkte ihm von weitem. Aber er wurde rot und schaute nach der Seite, absichtlich. Darauf gingen sie beide nach der Stadt, und Nebris ging ihnen nach bis zum Dipylon, wo sie, da sich Clinias nicht ein einziges Mal umschaute, wieder umkehrte und nach Haus ging, ohne mir mehr als das sagen zu können. Du kannst dir denken, Chelidonion, wie mir seitdem zumute war und wie ich mir den Kopf zerbrach, was man mir aus meinem Kleinen gemacht hat. Ich hab' ihn doch nicht beleidigt, sagte ich mir, oder liebt ihn eine andere, daß er mich so haßt? Oder hat es ihm sein Vater verboten? Hundert solche Fragen gingen mir im Kopf herum, als spät abends sein Diener Dromon eintritt und mir diesen Brief übergibt. Da, lies ihn, Chelidonion. Du kannst doch lesen?*

Chelidonion: *Laß sehn. Die Schrift ist nicht gerade sehr deutlich. Die Buchstaben sind so ineinander gezogen. Er muß in Eile geschrieben haben. Er schreibt: »Wie sehr ich dich geliebt habe, meine Drosis, das wissen die Götter!«*

Drosis *(weinend)*: *Was? Nicht einmal mit einem Gruß fängt er an? Er muß Eile gehabt haben.*

Chelidonion: *»— und es ist nicht Haß, sondern Notwendigkeit, die mich von dir trennt. Mein Vater hat mich nämlich dem Aristainetos übergeben, damit ich die Philosophie bei ihm lerne. Mein Lehrer hat nun unser Verhältnis erfahren und mich mit Vorwürfen überhäuft. Er sagt, es schicke sich nicht, mit einer Hetäre zu leben, wenn man der Sohn des Architeles und der Erasikleia sei, und es wäre weit besser, die Tugend der Wollust vorzuziehen.«*

Drosis: *Verrecken soll er, der Idiot, der einem jungen Menschen solches Zeug einredet!*

Chelidonion: *»Ich bin also genötigt, ihm zu gehorchen. Denn er geht mir auf Schritt und Tritt nach und beobachtet mich so genau, daß ich außer ihm keinen Menschen nur ansehn darf. Wenn ich die Philosophie lerne und ihm in allem gehorche, verspricht er mir, mich durch Entsagung und Arbeit zu einem glücklichen und tugendhaften Menschen zu machen. Nur mit großen Schwierigkeiten konnte ich mich von ihm wegstehlen, um dir das zu schreiben. Lebe wohl und sei glücklich und vergiß nicht deinen Clinias.«*

Drosis: *Was sagst du zu dem Brief, Chelidonion? —*

Chelidonion: *So schreibt ein Scyte, ein Barbar! Nur die Worte »vergiß nicht deinen Clinias« lassen einige Hoffnung.*

Drosis: *Das scheint mir auch. Aber inzwischen sterb' ich vor Liebe. Dromon sagte mir noch, dieser Aristainetos sei ein Päderast, der seine Wissenschaft nur zum Vorwand nehme, um die hübschen Jungen in seinen Umgang zu bekommen, und daß er schon ein paarmal sonderbare Zusammenkünfte mit Clinias gehabt habe und ihm versprochen habe, ihn den Göttern ähnlich zu machen. Auch lese er mit ihm gewisse Liebesdialoge von alten Philosophen. Dromon hat ihm schon gedroht, er wolle den Vater des Clinias davon benachrichtigen.*

Chelidonion: *Du hättest diesen Dromon ordentlich schmieren sollen, Drosis.*

Drosis: *Hab' ich getan. Aber er hält auch ohne das zu mir, denn meine Nebris sticht ihm in die Augen.*

Chelidonion: *Dann sei guten Muts, alles wird ganz gut werden. Ich will im Keramikon, wo Aristainetos gewöhnlich spazieren geht, an ein Haus die Worte schreiben: Aristainetos ist ein Päderast.*

Drosis: *Aber wie willst du das ungesehen machen?*

◊ **Chelidonion:** *Des Nachts und mit einem Stückchen Kohle, das ich schon irgendwo finde.*

◊ **Drosis:** *Herrlich, liebe Chelidonion. Ja, hilf mir im Krieg gegen diesen tugendhaften Philosophen.*

13 DAS MISSVERSTÄNDNIS

JOESSA, eine Hetäre / PYTHIAS, ihre Geliebte / LYSIAS, ihr Liebhaber

Joessa: *Du läßt dich bitten, Lysias, von mir bitten? Das ist der Dank. Nie hab' ich Geld von dir verlangt, niemals hab ich dich an der Tür mit den Worten abgefertigt: »Ein anderer ist da.« Nie hab' ich dich genötigt, deinen Vater herumzukriegen oder deine Mutter zu bestehlen, um mich beschenken zu können, wie es doch alle Hetären tun. Vom Anfang an hab' ich dich aus Liebe zu mir genommen, und du weißt, wieviel gute Liebhaber ich um deinetwillen wegschickte. Den Etokles zum Beispiel, der heut Prytane ist, den Reeder Pasion, deinen Freund Melissos, obwohl dessen Vater gerade gestorben war und er ihn beerbte. Du warst mein Phaon, für keinen andern hatte ich Augen, keinem andern war meine Tür offen. Ich war so verrückt, dir alle deine Schwüre zu glauben und blieb keusch für dich wie Penelope, soviel auch meine Mutter schimpfte und bei meinen Freundinnen über mich klagte. Du aber, wie du sahst, daß du mich Arme, ganz Liebestolle so in der Hand hattest, du erlaubtest dir mit Lykaine verliebte Scherze vor meinen Augen, nur um mich zu kränken. Und neulich erst, als wir beisammenlagen, was wußtest du nicht alles zum Lob der Magidion, der Kitharaspielerin, zu sagen! Und nur um mich zu kränken …! Und unlängst, als ihr miteinander tränket, du mit Thrason und Diphilos, da war auch die Flötenspielerin Kymbalion dabei und Pyrallis, die meine erklärte Feindin ist. Das wußtest du ganz genau. Daß du die Kymbalion küßtest, das ist mir gleich: du beleidigst dich dadurch nur selbst — aber daß du mit der Pyrallis kokettiertest und ihr, wenn du getrunken hattest, mit dem Becher zuwinktest und dem kleinen Diener ins Ohr sagst, daß er nur der Pyrallis und sonst keiner in diesen Becher einschenken dürfe, und daß du schließlich, wie Diphilos gerade mit Thrason redet, einen Apfel anbeißt und ihr ihn, ohne daß du dich vor mir genertest, wohlgezielt in den Schoß wirfst, wo sie ihn gleich aufhebt und küßt und im Busen versteckt — warum hast du mir das getan, Lysias!*

Hab' ich dich auch nur im geringsten beleidigt oder dir weh getan? — Hab' ich's mit einem andern angefangen? — Leb' ich nicht einzig für dich? — (Sie weint.)

Hältst du es für richtig, einer unglücklichen Frau so weh zu tun, die dich bis zum Wahnsinn liebt? — Aber, glaub' mir, es gibt eine Göttin Adrastea, die alles sieht; vielleicht weinst du bald, wenn du erfährst, daß ich mich in meinem Bett erdrosselt oder kopfüber in einen Brunnen geworfen oder sonstwie ein Mittel gefunden habe, aus der Welt zu kommen, damit dir mein Anblick nicht länger beschwerlich ist. Dann wirst du triumphieren, als ob du wunder was für eine Heldentat verrichtet hättest … Warum schaust du mich so von unten her an und knirschst mit den Zähnen? Red' doch, wenn du mir was vorzuwerfen hast, und Pythias soll entscheiden ... Was ist? ...

Lysias *(geht fort)*

Joessa: *Da geht er ohne ein Wort ... (Sie weint.) Da siehst du, Pythias, was ich von ihm ausstehen muß!*

Pythias: *Er ist ein brutaler Kerl ... ja, ein Stein bist du, aber kein Mensch ... übrigens, wenn ich dir die Wahrheit sagen soll, Joessa, so hast du dir durch deine übertriebene Liebe, die du ihn merken ließest, alles verdorben. Du hättest dir nicht soviel aus ihm machen sollen: die Männer werden übermütig, wenn sie so was merken. Aber jetzt wein' nicht mehr, Schatz, und wenn du mir glaubst, so schließ nur ein — oder zweimal die Tür zu, wenn er dich wieder besuchen will, und du wirst sehen, wie er wieder warm wird und verrückt vor Liebe und Eifersucht.*

Joessa *(weint immer noch)*: *Ach, was rätst du mir? — Ich soll ihm die Tür verschließen, ich? Und wenn er überhaupt nicht mehr kommt?*

Pythias: *Ach, der kommt schon wieder.*

Joessa: *Ich bin verloren, Pythias. Er hat dich sagen hören, ich soll ihn vor der Tür lassen!*

Lysias *(der nichts gehört hat)*: *Ich komme nicht wegen der da zurück, denn sie ist keinen Blick wert, sondern deinetwegen, Pythias, damit du nicht schlecht von mir denkst und sagst, Lysias sei ein gefühlloser Mensch.*

Pythias: *Das hab' ich gesagt, Lysias, und sag' es noch.*

Lysias *(wütend)*: *Was? Du willst also, daß ich es dulde, wenn mich diese Joessa, die jetzt weint, betrügt? Ich hab' sie unlängst mit einem jungen Mann im Bett getroffen.*

Pythias *(die nichts daran findet)*: *Aber, Lysias, schließlich ist sie doch eine Hetäre! Übrigens, wann war denn das?*

Lysias: *Es wird so fünf Tage her sein ... ja, es war am zweiten des Monats, und heute ist der siebente. Mein Vater, dem zu Ohren gekommen war, daß ich der Geliebte dieses tugendhaften Mädchens sei, hatte mir die Haustür verschließen lassen und dem Türsteher befohlen, mir nicht zu öffnen. Mein Dromo mußte sich also an die Hofmauer, wo sie am niedrigsten ist, stellen, damit ich auf seine Schultern steigen und so über die Mauer ... aber wozu soll ich da viel erzählen. Ich kam hierher und fand die Tür sorgfältig verschlossen. Es war schon Mitternacht, und ich wollte nicht klopfen und so hob ich, wie ich es sonst schon öfters gemacht habe, die Türe sachte aus den Angeln und kam so ganz still ins Haus. Alles schlief. Ich tappte die Wände lang und kam ans Bett. (Er macht eine Pause.)*

- **Joessa** (*für sich*): *Was erzählt er da, heilige Demeter?*

- **Lysias:** *Ich merkte gleich, daß da mehr als eine Person Atem holt und glaubte erst, Lyde, ihr Mädchen, schlafe bei ihr. Aber die war es nicht, Pythias. Wie ich so tastete, fühle ich ein Gesicht, ganz bartlos und den Kopf kurz geschoren, ein zartes Bürschchen, mit einem Wort, das ebenso duftete wie sie selbst. Hätte ich ein Schwert bei mir gehabt, hätte ich kurzen Prozeß gemacht, das dürft ihr mir glauben ... Aber was lacht ihr denn so alle beide? — Kommt dir das, was ich erzähle, so lächerlich vor, Pythias?*

- **Joessa** (*lachend*): *Also das hat dir soviel Kummer gemacht, Lysias? Die Pythias hat bei mir geschlafen!*

- **Pythias** (*verlegen*): *Sag' es ihm nicht, Joessa.*

- **Joessa:** *Warum nicht? Die Pythias war's, mein Liebster! Ich ließ sie bitten, die Nacht bei mir zu schlafen, weil ich traurig war, daß ich dich nicht bei mir hatte.*

- **Lysias:** *Der Pythias gehörte also das kurz geschorene Köpfchen? Merkwürdig, wie ihr in fünf Tagen ein solcher Wald von Haaren gewachsen ist!*

- **Joessa:** *Sie ist geschoren, seitdem ... eine Krankheit, Lysias. Da gingen ihr die Haare aus und da hat sie sich gleich ganz scheren lassen und trägt jetzt eine Perücke. Zeig' es ihm doch, Pythias, damit er uns glaubt ...* (**Pythias nimmt ihre Perücke ab.**) *Da hast du den Jüngling, den Nebenbuhler, auf den du eifersüchtig warst.*

- **Lysias:** *Mußte ich's nicht werden, Joessa? Denk dir, wie verliebt ich war und mit meinen eigenen Händen diese Entdeckung machte.*

- **Joessa:** *Aber jetzt bist du doch überzeugt? Jetzt wäre die Reihe an mir, die Beleidigte zu spielen, und gerade!*

- **Lysias:** *Nein, Liebste, jetzt wollen wir trinken, und Pythias mit uns. Es ist billig, daß sie an unseren Friedenslibationen teilnimmt.*

- **Joessa:** *Das soll sie. O, was hab' ich deinetwegen gelitten, Pythias, du schönster der jungen Liebhaber!*

- **Pythias:** *Dafür hat er euch auch wieder ausgesöhnt. Du brauchst mir also nicht bös' zu sein. Nur um eines bitte ich dich, Lysias, das mit den Haaren, das bleibt unter uns, nicht war?*

DIE SCHLIMME RÜCKKUNFT 14

PANNYCHIS, eine Hetäre / DORCAS, ihre Dienerin / PHILOSTRATOS, ihr neuer Liebhaber / POLEMON, ihr früherer Liebhaber

◊ Dorcas *(kommt gelaufen): Wir sind verloren, Herrin, wir sind verloren! Polemon ist aus dem Krieg zurück und mit viel Geld, wie man erzählt. Ich hab' ihn selbst gesehen: er trägt einen purpurbesetzten Mantel mit einer prächtigen Schließe, und hat einen Haufen Sklaven um sich. Wie ihn seine Bekannten sahen, liefen sie alle auf ihn zu, um ihn zu begrüßen. Ich machte mich inzwischen an Parmenon, einen von seinen Leuten, die mit ihm im Felde waren, grüßte ihn recht freundlich und fragte, wie es ihnen ergangen sei und ob sie uns auch was mitgebracht hätten, um das es der Mühe wert gewesen wäre, in den Krieg zu ziehen.*

◊ Pannychis: *Damit hättest du nicht gleich kommen sollen. Warum riefst du nicht: »Den Göttern und Zeus Xenios und Athena Strateia vor allen sei's gedankt, daß ihr heil wieder da seid! Meine Herrin wollte alle Augenblicke wissen, wie es euch gehe und wo ihr seid.« Und wenn du noch hinzugefügt hättest: »Sie weint und denkt an nichts sonst als an ihren Polemon«, so wäre das viel besser gewesen.*

◊ Dorcas: *Natürlich hab' ich alles das gleich zuerst gesagt, ich wollte es dir nur nicht wiederholen und dir schnell sagen, was ich über Parmenon gehört habe. Meine ersten Worte zu Parmenon waren eigentlich die: »Haben euch die Ohren nicht oft geklungen, Parmenon? — Unaufhörlich hat meine Herrin an euch in Tränen gedacht und jedesmal, wenn Schlachtberichte einliefen, die von vielen Toten sprachen, raufte sie sich das Haar und zerschlug sich die Brust.«*

◊ Pannychis: *Ja, Dorcas, so war's recht.*

◊ Dorcas: *Dann erst tat ich jene Frage, wie ich dir vorhin sagte, worauf er antwortete: »Nun ja, wir kommen in ganz guten Umständen zurück.«*

◊ Pannychis: *Das sagte er so und kein Wort, daß sich auch Polemon nach mir gesehnt und sich auf mich gefreut habe? —*

◊ Dorcas: *O ja, er sagte eine ganze Menge derlei. Aber die Hauptsache ist doch, was er mir von den großen Reichtümern erzählte, die Polemon mitgebracht habe, von Gold und Kleidern und Sklaven und Elfenbein; und, denk dir, das Silbergeld wird bei ihm gar nicht gezählt, sondern scheffelweise gemessen! Parmenon selber hatte an dem kleinen Finger einen schweren vieleckigen Ring mit einem rötlichen, in drei Farben spielenden Stein. Ich mußte mir lang und breit erzählen lassen, wie sie über den Halys gegangen wären, dort einen gewissen Tiridates niedergesäbelt hatten, wie tapfer sich Polemon in der Schlacht gegen die Pisider gehalten und dergleichen mehr. Da bin ich nun eilends hierher gelaufen, um dir die Neuigkeit zu melden und damit du Zeit zum überlegen hättest, was nun zu tun sei. Denn wenn nun Polemon dich besuchen kommt — und er kommt ganz sicher, sowie er sich nur von seinen Bekannten losgemacht hat — und trifft den Philostratos bei uns — was denkst du, was dann sein wird? — Pannychis: Wir müssen uns was ausdenken, Dorcas. Den Philostratos jetzt wegschicken, das geht nicht. Er hat mir erst gestern sechstausend Drachmen geschenkt ... und dann ist er ein reicher Kaufmann, von dem man sich noch manches versprechen kann. Andererseits wäre es doch dumm, den Polemon nicht zu empfangen, da er mit soviel Geld heimgekommen ist. Und dann ist er eifersüchtig. Er war schon unerträglich, als er noch nichts hatte, wie wird er erst jetzt sein!*

- Dorcas: *Wahrhaftig, da kommt er schon!*

- Pannychis: *Ich bin des Todes ... was sagen? Dorcas ...*

- Dorcas: *Und da kommt auch noch Philostratos!*

- Pannychis: *Was soll ich machen, was? — Ich möchte in die Erde sinken.*

- Philostratos: *Wollen wir uns nicht einen lustigen Abend machen, Pannychis?*

- Pannychis (leise): *Mensch, du bist mein Unglück. — Was' seh ich! Polemon? Sei willkommen — nach so langer Zeit!*

- Polemon: *Wer ist der Mensch da bei dir?*

- Pannychis: *...*

- Polemon: *Du schweigst? Gut, Pannychis. — Und ich, der ich in fünf Tagen von Thermopylae hierherfliege, um diese Person zu treffen, diese — Frau! Aber es geschieht mir ganz recht, und ich danke dir. Wenigstens werd' ich nicht mehr von dir ausgeplündert.*

- Philostratos: *Und du, wer bist denn du, guter Freund?*

- Polemon: *Ich heiße Polemon, bin aus Steirias, pandionischen Stammes, verstehst du? War Oberst über tausend und kommandierte eine eigene Freischar von fünftausend, bin und war Narr genug, in die Pannychis verliebt zu sein, solang ich sie für ein menschliches Wesen hielt.*

- Philostratos: *Und wie die Sachen jetzt stehen, Herr Oberst, gehört die Pannychis eben mir. Sie hat ein Talent von mir bekommen und kriegt noch ein zweites, sowie ich meine Schiffsladung verkauft habe. Und jetzt komm, Pannychis, und der Oberst soll seine tausend bei den Odrysen kommandieren.*

Dorcas: *Sie ist eine freie Bürgerin und geht, mit wem sie Lust hat.*

Pannychis: *Was soll ich tun, Dorcas?*

Dorcas: *Das beste ist, du gehst in dein Zimmer. Hier bei Polemon kannst du unmöglich bleiben, solange er in Wut ist, das würde ihn nur noch eifersüchtiger machen.*

Pannychis: *Also gehen wir, Philostratos.*

Polemon: *Ha! Das soll das letztemal sein, daß ihr miteinander trinkt, das sag' ich euch! Oder glaubt ihr, ich hab' mich für nichts in so vielen blutigen Schlachten herumgetrieben? — Meine Thracier, Parmenon! Sie sollen die Straße absperren! Die Hopliten in die Front! Die Bogenschützen und Schleuderer auf die Flanken! Den Rest in Reserve!*

Philostratos: *Sprichst du zu kleinen Kindern, Herr Oberst, oder glaubst du, uns mit deinem Geschrei Angst einzujagen? — Hast du jemals ein Huhn umgebracht? Im Krieg warst du? Wenns hoch kommt, hast du als Wächter in einem alten Turm gelegen und ein Dutzend Mann unter dir gehabt.*

Polemon: *Das wird sich ja bald alles zeigen, wenn wir dir in unserer funkelnden Rüstung mit der gefällten Lanze zu Leibe gehen.*

Philostratos: *Kommt nur alle her, Mann an Mann. Ich und mein Tibios da, der einzige Bediente, den ich bei mir habe, wir werden euch mit Steinen und Austernschalen dermaßen auseinanderjagen, daß ihr nicht mehr wissen werdet, wohin ihr rennen sollt.*

15 DER LIEBESZAUBER

MELITTA, eine Hetäre / BACCHIS, ihre Freundin / AKIS, ihre Sklavin

◊ Melitta: *Wenn du mir irgendein altes Weib weißt, Bacchis, eine von diesen Thessalierinnen, die mit Zauberei umgehen kann und die Kunst versteht, einen jungen Menschen zu zwingen, auch eine ihm verhaßte Frau zu lieben — gute Bacchis, so tu mir die Liebe und bring sie mir. Meine besten Kleider, meinen besten Schmuck, alles geb' ich mit Freuden, wenn Charinos wieder zu mir zurückkehrt und die Symiche aufgibt.*

◊ Bacchis: *Was du sagst! Charinos hat dich verlassen und geht jetzt mit der Symiche? Und wo er doch deinetwegen alle die Streitereien mit seinen Eltern hatte, als er das reiche Mädchen nicht heiraten wollte, die ihm fünf Talente zugebracht hätte, wie die Leute sagten! Ich erinnere mich, du hast mir das selbst erzählt.*

◊ Melitta: *Alles das ist nun vorüber, Bacchis! Heut sind es fünf Tage, daß ich ihn nicht gesehen habe! Und eben jetzt trinkt und ißt er mit Symiche bei seinem Freund Pammenes.*

◊ Bacchis: *Du tust mir aufrichtig leid, Melitta. Aber was hat euch denn auseinandergebracht? Es muß nichts Geringfügiges gewesen sein.*

◊ Mellitta: *Ich weiß dir selbst darüber nichts zu sagen. Letzthin kam er vom Pyraeos zurück, wohin ihn sein Vater geschickt hat, ich glaube, um eine Schuld einzutreiben, und wie er nun zu mir ins Haus kommt, sieht er mich gar nicht an, wie ich ihm wie gewöhnlich entgegenlaufe und ihn küssen will, stößt mich von sich und sagt: »Geh zu deinem Reeder Hermotimos oder lies, was im Keramikos an den Mauern steht, wo eure Namen an allen Säulen prangen.« — »Was für ein Hermotimos? —«, rief ich, »und an was für Säulen? —«*

 Aber ohne eine Antwort, ohne einen Bissen zu essen, kehrte er mir, da wir uns zu Bett gelegt hatten, den Rücken. Du kannst dir denken, daß ich alles Erdenkliche tat, ihn gut zu machen; ich schlang die Arme um ihn, suchte ihn zu mir herumzudrehen und küßte ihn, da er sich wieder wegdrehte, auf die Schultern. Aber es war alles umsonst, und da sagte er mir schließlich: »Wenn du nicht aufhörst, mich zu belästigen, gehe ich sofort, mitten in der Nacht.«

◊ Bacchis: *Du kennst aber doch diesen Hermotimos?*

Melitta: *Ich soll noch vielmal unglücklicher sein, als ich jetzt bin, wenn ich einen Schiffsherrn kenne, der Hermotimos heißt! Also, mit dem Hahnenschrei stand Charinos auf und ging fort. Weil es mir nicht aus dem Sinn kam, was er da von gewissen Säulen im Keramikos gesprochen hatte, schickte ich also gleich mein Mädchen, die Akis, hin nachsehen. Sie fand weiter nichts als in der Nähe des Doppeltores rechts vom Eingang an einer Wand die Worte: Melitta liebt den Hermotimos, und etwas darunter: Der Schiffsherr Hermotimos liebt die Melitta.*

Bacchis: *Was für Einfälle die Burschen haben! Diese Worte hat natürlich einer geschrieben, der den Charinos ärgern wollte, weil er seine Eifersucht kannte, und Charinos hat das ohne weiteres geglaubt. Wüßte ich nur, wo ich ihn treffen könnte, ich wollte mit ihm schon sprechen. Er ist so unerfahren wie ein Kind.*

Melitta: *Wie könntest du ihn zu sprechen bekommen, da er sich immer einschließt und die Symiche bei sich hat? Seine Eltern suchen ihn immer bei mir … Nein, Bacchis, wenn ich ein altes Weib auftreiben könnte! Die könnte mir das Leben wiedergeben.*

Bacchis: *Da kenne ich schon eine, meine Liebe, eine sehr geschickte Zauberin, eine Syrierin, noch sehr rüstig und derb; die hat einmal den Phanias, der ebenso ohne Ursache auf mich böse war, versöhnt, und das nach ganzen vier Monaten, als ich schon alle Hoffnung aufgegeben hatte. Aber sie hat ihn besprochen, und er kam wieder zu mir.*

Melitta: *Und was machte sie denn da? Erinnerst du dich noch?*

Bacchis: *Bezahlung verlangt sie nicht viel: eine Drachme und ein Brot, das ist alles, was man ihr geben muß. Außerdem muß in Bereitschaft sein: etwas Salz, sieben Obolen, Schwefel und ein Krug mit gemischtem Wein, den sie allein austrinkt. Auch ist irgendwas von dem Mann dazu nötig, ein Kleidungsstück, oder ein Schuh, auch ein paar Haare oder irgend sonst so was.*

Melitta: *Ich hab' Schuhe von ihm.*

Bacchis: *Diese hängt sie an einen Nagel, räuchert sie mit Schwefel, wirft auch etwas Salz in die Glut und spricht dazu deinen und seinen Namen. Dann holt sie das Zauberrad aus dem Busen hervor und dreht es und sagt sehr schnell die Zauberformel, so fremde fürchterliche Wörter, daß man ganz Angst bekommt. So hat sie es wenigstens damals bei mir gemacht, und wirklich erschien nicht lange darauf Phanias, obwohl seine Freunde ihm deswegen Vorwürfe machten und die Phöbis, mit der er inzwischen lebte, ihn mit zärtlichen Blicken zurückhalten wollte. Aber das Zaubermittel trieb ihn zu mir. Außerdem lehrte mich die Alte noch ein Mittel, ihm die Phöbis verhaßt zu machen: ich solle auf ihre Fußstapfen achtgeben und gleich hinter ihr in die Spur ihres linken Fußes mit meinem rechten Fuß treten und sie verwischen, und umgekehrt, und dazu die Worte sprechen: Auf dich tret' ich, und über dir bin ich. Und ich tat es genau, wie sie es mir gesagt hatte.*

Melitta: *Geschwind, Bacchis, hol mir die Syrierin! Und du, Akis, du schaffst gleich das Brot herbei und den Schwefel und alles zum Zauberwerk nötige, hörst du?*

Über die Erstausgabe dieses Buches und die vorliegende Neuausgabe

Lukian von Samosata *verfasste die* Hetärengespräche *160 n. Chr. Die in derber attischer Gossensprache verfassten fünfzehn dialogischen Humoresken handeln von Homosexualität, lesbischer Liebe, Eifersucht oder Züchtigung. Die erste Übersetzung in deutscher Sprache stammt aus dem Jahr 1788 und aus der Feder von* Christoph Martin Wieland. *Sie wird bis heute verlegt. Weniger bekannt ist die großartige Übersetzung von* Franz Blei, *dem heute fast vergessenen und 1942 verstorbenen »literarischen Dandy mit einem Hang zum Erotischen« (Neue Zürcher Zeitung), der die* Hetärengespräche *1907 im Auftrag des Leipziger Philosophen, Bibliothekars, Schriftstellers und Verlegers* Julius Zeitler *ins Deutsche übertrug.* Zeitler, *ein Förderer und Aktivist der Buchkunstbewegung, verlegte auch die von* Blei *herausgegebene Zeitschrift* Die Opale — Blätter für Kunst und Literatur, *die sich vornehmlich mit Erotica befasste und in 225 Exemplaren für Subskribenten erschien. Ob er oder* Blei Gustav Klimt *für das Buchprojekt gewann, ist nicht eindeutig zu klären. Aber schon vor Drucklegung schienen sich Künstler und Verleger darauf geeinigt zu haben, dass* Klimt *fünfzehn erotische Illustrationen anfertigen bzw. liefern und dass die* Wiener Werkstätten *mit der Gestaltung der Einbände betraut werden sollte.*

Gustav Klimts *erotische Zeichnungen entstanden zwischen 1904 und 1906 und fallen in eine Zeit, in der die Themen Erotik und Autoerotik auch in seinem übrigen Werk bedeutsamer werden. Die Verbindung zwischen dem spätantiken Text und den sinnlichen Bildern* Klimts *gelingt auf überraschende Weise. Auch weil beinahe alle Abbildungen um 90 Grad gedreht gedruckt wurden. Dies haben wir bei der vorliegenden Neuausgabe beibehalten. Auch das Seitenlayout greift den ursprünglichen Umfang sowie die im Original verwendeten Zierelemente auf. Um den feinen Strich der Zeichnungen zu unterstützen, wurde der Text in Kombination von Caslon und Futura neu gesetzt.*

Die Luxusausgabe der Hetärengespräche *war in graues Wildleder eingebunden und mit einem quadratischen goldgeprägten Deckeltitel versehen. Ausgeliefert wurde das Buch in einem Schuber mit den Maßen 29 × 37 cm. Die vorliegende Ausgabe übernimmt die von der* Wiener Werkstätte *für das Titelschild entworfene Schriftbild.*

© Moritz Nähr, Österreichische Nationalbibliothek

Impressum

ISBN 978-3-945330-35-7

1. Auflage 2017

© WALDE+GRAF VERLAGSAGENTUR und VERLAG GmbH, Berlin

Alle Rechte vorbehalten. Weiterverwendung und Vervielfältigung nur mit ausdrücklicher Genehmigung des Verlages gestattet.

Genehmigte Sonderausgabe für
Frölich & Kaufmann Verlag u. Versand GmbH
froelichundkaufmann.de

Gestaltung und Satz: studio stg, Berlin
studio-stg.com
Druck und Bindung: CPI books GmbH, Ebner & Spiegel Ulm